Fundamentals of French: Beginners' Lessons

Judy H. R. Telemaque, Ed.D.

&

Chizoba "Dr. Zee" Madueke, Ph.D.

Fundamentals of French: Beginners' Lessons

Paperback ISBN: 978-1-957809-17-5

eBook ISBN: 978-1-957809-18-2

Library of Congress Control Number: 2022912903

Published by:

Cornerstone Publishing

A Division of Cornerstone Creativity Group LLC

Info@thecornerstonepublishers.com
www.thecornerstonepublishers.com

AUTHORS' CONTACT INFORMATION

To order bulk copies of this book, please send email to:

frenchfundamentals111@gmail.com

Preface

Fundamentals of French: beginners' lessons book is an introduction to French with a summary of the main French verbs, how they are used, vocabulary, and sentence structure. The book is written to help the beginners understand the basic concept of the French language.

Acknowledgments

Thanks to the support received from my family and friends. My parents, Reuben and Brenda Telemaque who are of French background have always inspired me to further my knowledge in French and share it with others. I give great thanks to God for allowing me to do this.

Many thanks to my co-author Dr. Judy Telemaque for inviting me to join her to publish this book. This book is dedicated to my first French teacher at City High School, Onitsha, Anambra State, whom I am so sorry I have forgotten her name. Her teaching style and strategies are indelible in my memory. To Amansi and Ajala, thank you very much indeed for the years you shared with me.

About the Authors

Judy Telemaque, MS., MA., Ed.D, is an experience senior chemist for the Department of Public Health State Laboratory in Connecticut. Also, a language educator and an arts & craft (crochet) teacher for New London School of Adult Education in Connecticut. Judy brings real world and academic experiences to student-collaboration, teaching and learning. Judy Telemaque helps others achieve their goals and learning skills. Judy Telemaque has always been inspired by languages as she is multilingual in English, French, and Spanish.

'Zoba "Dr. Zee" Madueke is a professor of research methods, management, leadership and organizational behavior at Columbia Southern University. An experienced educator with 20 years plus of practical and theoretical research, applied management, leadership and organizational transformation expertise, with vast international experiences. He brings both real-world and academic experiences to student-centered collaborative teaching and learning. Professor Madueke is the founder and the principal consultant at NathArthNuel Management Group, LLC. A certified Clinical Researcher Associate and a Senior Scrum Master. A professional, productive, self-sufficient, efficient, effective researcher, business leader, chair, advisor, mentor and consultant that serves to elevate businesses, individuals, and helps others achieve their goals and life missions. He is the author of Regressive Leadership and Governance, co-author of Youth Entrepreneurship: from job search to business ownership and self-sufficiency; co-author of Fundamentals of Research Methodology; Approaches to Empirical and Theoretical Research Studies and author and co-authored of several peer-reviewed journal articles.

Contents

L'alphabet français

Ah (A)   Bay (B)   Say (C)   Day (D)

Uh (E)   Eff (F)   Zheh (G)   Ahsh (H)

Ee (I)   Zhee (J)   Kah (K)   Ell(L)

Em (M)   En (N)   Oh (O)   Pay (P)

Kouh (Q)   Air (R)   Ess (S)   Tay (T)

Ouh (U)   Vay (V)   Doob-luh-vay (W)

Eeks (X)   Ee-grek (Y)   Zed (Z)

Les Voyelles

A – "Paris", "page"

E – "je", "le"

I – "ami", "ici"

O – "novembre", "police"

U – "tu", "voiture"

<u>Formule Sociales</u>

Bonjour! – Hello / Good morning

Salut! – Hi

Bonsoir! – Good evening

Je m'appelle + nom / Je suis + nom – My name is

Enchanté(e) – Nice to meet you

Comment ça va ? / Comment allez-vous ? / Comment vas-tu ? – How are you ?

Je vais bien, merci et vous ? / Ça va bien, merci et vous ? – I am well, thank you and you ?

Ça va mal – I am not Ok.

Ça va pas mal – Not bad.

S'il te plaît (informal) / S'il vous plaît (formal) - Please

Excuse-moi (informal) / Excusez-moi (formal) – Excuse me

Pardon – Sorry ; Désolée - Sorry

Merci – Thank you

De rien – You are welcome

Au revoir ! – Good bye

Ciao ! – Good bye

À bientôt ! – See you soon or see you

À plus tard ! – See you later or see you

À tout à l'heure – See you later

Bonne journée – Have a nice day

Bonne soirée –Have a nice evening

Bonne nuit – Good night ;

INDEX GRAMMATICAL

LES ACCENTS :

é = accent aigu

à, è, ù = accent grave

â, ê, î, ô, û = accent circonflexe

ï, ë = le tréma

UN SIGNE

ç = c avec cédille

LES PONCTUATIONS

 - = trait d'union

. = point

, = virgule

: = deux points

() = parentheses

" " = guillemets

? = point d'interrogation

! = point d'exclamation

Chapter 1

Je – I

Tu - you (informal)

Il(Elle) -he (she)

Nous - we

Vous – you (formal, plural))

Ils(Elles) - they (masculine/feminine)

Notes

Le Verbe 'Être' – To Be

Être is an infinitive verb : **An infinitive verb** is the word "to" + a non-conjugated verb (base verb). Examples: être – to be; aller – to go; avoir – to have; parler – to speak; partir – to leave; perdre – to loose; voir – to see.

Conjugation – the variation of the verb. Verb conjugations change depending on the tense and the grammatical subject of the verb. The different pronouns such as je, tu, il/elle, nous, vous, ils/elles require different forms of the verb as in the conjugation of **être** below:

Je suis – I am

Tu es – you are – (informal)

Il (Elle) est – he (she) is

Nous sommes – we are

Vous êtes – you are – (formal/plural)

Ils sont – they are (masculine, masculine & feminine)

Elles sont – they are (feminine)

Notes

Le Négatif – Ne, Pas

Je ne suis pas – I am not

Tu n'es pas – you are not – (informal)

Il (Elle) n'est pas – he (she) is not

Nous ne sommes pas – we are not

Vous n'êtes pas – you are not – (formal/plural)

Ils ne sont pas – they are not (masculine/masculine & feminine)

Elles ne sont pas – they are not (feminine)

Notes

Noun – *a word that represents a person, thing, concept or place.*

Le – masculine, La – feminine, Les – plural ;

Un – masculine, Une – feminine, Des – plural ;

Example:

A Proper noun: Paris, Jeremy;

A common noun : A common noun is masculine or feminine :

Un hôpital – a hospital

Une plage – a beach

Le livre – the book

La chaise – the chair

L'école – the school

Une question – a question

Des questions – questions

Les fleurs – the flowers

Notes

Comment poser une question

1.   Robert, est-il Américain? – (formal)

Est-ce que Robert est Américain ? – (standard)

Robert est Américain ? – (familiar)

2.   Susan, est-elle mariée ? – (formal)

Est-ce que Susan est mariée ? – (standard)

Susan est mariée ? – (familiar)

3.   Bob et Mary, sont-ils fatigués ? – (formal)

Est-ce que Bob et Mary sont fatigués ? – (standard)

Bob et Mary sont fatigués ? – (familiar)

4.   Êtes-vous en forme ? – (formal)

Est-ce que vous êtes en forme ? – (standard)

Vous êtes en forme ? – (familiar)

5.   Robert, chante-t-il ? – (formal)

Est-ce que Robert chante ? – (standard)

Robert chante ? – (familiar)

Notes

Adjectifs – *a word or phrase that describes or modifies a noun*

Content(e) – Glad

Disponible - Available

Être en grande forme/Être en pleine forme – To be in great shape

Fatigué(e) - Tired

Faible – Weak

Fort(e) – Strong

Grand/Grande – Tall/Big

Heureux/Heureuse - Happy

Jeune – Young

Nouveau/Nouvel – New (Masculine)

Nouvelle – New (Feminine)

Occupé(e) – Busy

Pauvre - Poor

Petit(e) – Small

Riche - Rich

Triste - Sad

Vieux/Vieille - Old

Notes

Le Corps

La tête – the head

Les cheveux - the hair

Le sourcil – the eyebrow

Les cils - the eyelashes

L'oreille – the ear

Le visage – the face

L'œil – the eye

Les yeux – the eyes

La joue – the cheek

Le nez – the nose

Les dents – teeth

La bouche – the mouth

La langue – the tongue

Le menton – the chin

Le cou – the neck

L'épaule – the shoulder

Le bras – the arm

La poitrine – the chest

Le coude – the elbow

Le ventre – the stomach

Le poignet – the wrist

La taille – the waist

Le dos – the back

La hanche – the hip

La jambe – the leg

La main – the hand

Le doigt – the finger

L'ongle– the fingernail/the toenail

Le genou – the knee

La cheville – the ankle

Le pied – the foot

L'orteil – the toe

Notes

Les Nombres entre 1 à 20

un

deux

trois

quatre

cinq

six

sept

huit

neuf

dix

onze

douze

treize

quatorze

quinze

seize

dix-sept

dix-huit

dix-neuf

vingt

Notes

LES DEVOIRS

Fill in the blanks

1. Je _______ Américain.

2. Elle _____ professeur.

3. Barack Obama, ________ Président?

4. Vous n'_____ pas française.

5. Est- ____ Canadienne?

6. Il n'____ pas professeur.

7. Elles _____ fatiguées.

8. Est- ____ en forme?

9. Nous ne ________ pas fatigués.

10. Ils _____ contents.

11. Je _______ marié(e).

12. Elle n'____ pas mariée.

13. Prince Harry et Meghan Markle, ______ heureux?

14. Governor Lamont n'_____ pas disponible.

15. Michael Jordan, _____ grand?

Notes

16. Êtes _______ fatigué?

17. Elles _______ petites.

18. Ils _______ jeunes.

19. Je _______ content(e).

20. Nous _______ en forme.

Notes

Chapter 2: *(Aller)*

Le Verbe 'Aller' – To Go

Je vais – I am going/ I go

Tu vas – you are going/ you go – (informal)

Il (Elle) va – he (she) is going/ he (she) goes

Nous allons – we are going/ we go

Vous allez – you are going/ you go – (formal/plural)

Ils vont – they are going/ they go – (masculine, masculine & feminine)

Elles vont – they are going/ they go - (feminine)

Notes

Le Négatif

Je ne vais pas – I am not going/ I do not go

Tu ne vas pas – you are not going/ you do not go –
(informal)

Il (Elle) ne va pas – he (she) is not going/ he (she) does not
go

Nous n'allons pas – we are not going/ we do not go

Vous n'allez pas – you are not going/ you do not go –
(formal/plural)

Ils ne vont pas – they are not going/ they do not go –
(masculine, masculine & feminine)

Elles ne vont pas – they are not going/ they do not go
(feminine)

Notes

Aller à / to go to

Je vais au restaurant - à + le = au   Je ne vais pas au restaurant

Je vais au supermarché   Je ne vais pas au supermarché

Je vais à la banque   Je ne vais pas à la banque

IL va à l'hôtel   IL ne va pas à l'hôtel

Elle va à l'école   Elle ne va pas à l'école

Nous allons à l'église   Nous n'allons pas à l'église

ILs vont à l'aéroport   ILs ne vont pas à l'aéroport

Tu vas aux États-Unis   Tu ne vas pas aux États-Unis

Vous allez aux Caraïbes   Vous n'allez pas aux Caraïbes

Notes

Les Jours de la Semaine – The Days of the Week

lundi – Monday

mardi – Tuesday

mercredi – Wednesday

jeudi – Thursday

vendredi – Friday

samedi – Saturday

dimanche - Sunday

Notes

Les Mois de L' Année – The Months of the Year

janvier – January

février – February

mars – March

avril – April

mai – May

juin – June

juillet – July

août – August

septembre – September

octobre – October

novembre – November

décembre – December

Notes

Les Devoirs – fill in the blanks

Le Verbe 'Aller'

1. Bonjour, Comment ça ___? Ça ___ bien, Merci et Vous? Ça ___ bien.

2. Bonjour, Comment allez-vous? Je ___ bien.

3. Il ___ à l'église.

4. Elles ___ à la banque.

5. Nous ___ à l'hôtel.

6. Vont-ils ___ États-Unis?

7. Va-t-il ___ ___école?

8. Nous allons ___ restaurant.

9. Allez-vous ___ ___aéroport?

10. Je vais ___ ___ banque.

Notes

Chapter 3: *(Avoir)*

Le Verbe **'Avoir' - To Have**

J'ai – I am having/ I have

Tu as – you are having/ you have (informal)

Il(Elle) a – he (she) is having/ he (she) has

Nous avons – we are having/ we have

Vous avez – you are having/ you have (formal/plural)

Ils ont – they are having/ they have (masculine, masculine & feminine)

Elles ont – they are having/ they have (feminine)

Notes

Le Négatif

Je n'ai pas – I am not having/ I do not have

Tu n'as pas – you are not having/ you do not have – (informal)

Il (Elle) n'a pas – he (she) is not having/ he (she) does not have

Nous n'avons pas – we are not having/ we do not have

Vous n'avez pas – you are not having/ you do not have – (formal/plural)

Ils n'ont pas – they are not having/ they do not have – (masculine, masculine & feminine)

Elles n'ont pas – they are not having/ they do not have – (feminine)

Notes

Un/Une/Des/Pas de

J'ai un téléphone/Je n'ai pas <u>de</u> téléphone

J'ai un briquet/ Je n'ai pas <u>de</u> briquet

J'ai des pommes/Je n'ai pas <u>de</u> pommes

Elle a un livre/Elle n'a pas <u>de</u> livre

Elle a une fleur/Elle n'a pas <u>de</u> fleur

Il a un stylo/Il n'a pas <u>de</u> stylo

Tu as un crayon/Tu n'as pas <u>de</u> crayon

Elle a une chaise/Elle n'a pas <u>de</u> chaise

Vous avez une voiture/Vous n'avez pas <u>de</u> voiture

Nous avons des papiers/Nous n'avons pas <u>de</u> papiers

EXCEPTIONS

Avoir Faim – to be hungry   **Avoir Froid** – to be cold

Avoir Soif – to be thirsty   **Avoir Chaud** – to be hot

Avoir sommeil – to be sleepy   **Avoir Tort** – to be wrong

Avoir peur – to be afraid   **Avoir Raison** – to be right

J'ai faim – I am hungry   Ils ont faim – they are hungry

J'ai soif – I am thirsty   Elle a soif – she is thirsty

J'ai sommeil – I am sleepy   Il a sommeil – he is sleepy

J'ai peur – I am afraid   Nous avons peur – we are afraid

J'ai froid – I am cold   J'ai chaud – I am hot

Quel âge as-tu?/Quel âge avez-vous? – How old are you?

J'ai vingt ans – I am 20 years old.

Tu as dix-sept ans – you are 17 years old.

Il a trente-cinq ans – he is 35 years old.

Elle a douze ans – she is 12 years old.

Vous avez quarante-et-un ans – you are 41 years old

J'ai soixante-quatre ans – I am 64 years old

Notes

Les Couleurs

Argent – silver

Beige - beige

Blanc/Blanche - white

Bleu/Bleue – blue

Doré – golden

Gris/Grise - grey

Jaune – yellow

Marron - brown

Noir/Noire – black

Orange - orange

Rose - pink

Rouge -red

Vert/Verte - green

Violet/Violette – purple

Notes

Quel temps fait-il? - What is the weather like?

IL fait beau – It's nice

IL fait mauvais – It's bad

IL fait chaud – It's hot

IL fait froid - It's cold

IL pleut – It's raining

IL neige – It's snowing

IL y a du vent – It's windy

IL y a de l'orage – It's stormy

IL y a des nuages – It's cloudy

Les Nombres 20 à 60

vingt, vingt et un, vingt-deux, vingt-trois, vingt-quatre, vingt-cinq, vingt-six, vingt-sept, vingt-huit, vingt-neuf

trente, trente et un, trente-deux, trente-trois, trente-quatre, trente-cinq, trente-six, trente-sept, trente-huit, trente-neuf

quarante, quarante et un, quarante-deux, quarante-trois, quarante-quatre, quarante-cinq, quarante-six, quarante-sept, quarante-huit, quarante-neuf

cinquante, cinquante et un, cinquante-deux, cinquante-trois, cinquante-quatre, cinquante-cinq, cinquante-six, cinquante-sept, cinquante-huit, cinquante-neuf,

soixante.

Les Devoirs – Exercise 1. Fill in the Blanks

1. Tu ___ un téléphone

2. J'__ un livre

3. Vous ______ des pommes

4. Elle ___ un briquet

5. Nous ______ des fleurs

6. Ils ____ un stylo

7. J'___ un crayon

8. Elles ____ une voiture

9. Tu ___ une fleur

10. IL __ des papiers

Exercise 2. Write the Negative of the Sentences.

Notes

Chapter 4: *('Er' Verbs)*

Common Regular Verbs – 'er' with ending :

'e', 'es', 'e', 'ons', 'ez', 'ent' - The Present Tense

Parler – to speak/to talk : Je parle, tu parles, il parle, elle parle, nous parlons, vous parlez, ils parlent, elles parlent

Aimer – to like something/to love someone : J'aime, tu aimes, il aime, elle aime, nous aimons, vous aimez, ils aiment, elles aiment

Regarder – to look at/to watch : Je regarde, tu regardes, il regarde, elle regarde, nous regardons, vous regardez, ils regardent, elles regardent

Arriver – to arrive, to happen

Chanter – to sing

Chercher – to look for

Commencer – to begin

Cuisiner – to cook

Danser – to danse

Décoller – to take off

Déjeuner – to have lunch

Notes

Demander – to ask

Dîner – to have dinner

Écouter – to listen

Étudier – to study

Fumer – to smoke

Habiter – to live

Jouer – to play

Marcher – to walk

Travailler – to work

Voyager – to travel

Notes

Les mots pour questions –

Où – Where?

Quand – When?

À quelle heure – At what time?

Pourquoi – Why?

Comment – How?

Avec qui – With whom?

Notes

Les phrases

Où habites-tu? ou Où est-ce que tu habites ?

Où dînez-vous? ou Où est-ce que vous dînez ?

Quand travailles-tu? ou Quand est-ce que tu travailles ?

À quelle heure commences-tu? ou À quelle heure est-ce que tu commences ?

Pourquoi marches-tu tous les jours? ou Pourquoi est-ce que tu marches tous les jours?

Notes

Le Futur Proche

Aller (present) + autre verbe

Je vais payer .... I am going to pay

Je vais déjeuner   I am going to have lunch

Nous allons marcher   We are going to walk

Elle va commencer   She is going to start/begin

Tu vas parler   You are going to speak

Ils vont voyager   They are going to travel

Qu'est-ce que vous allez faire ce soir? ou Qu'allez-vous faire ce soir ?

Qu'est-ce que vous allez lire aujourd'hui? ou Qu'allez-vous lire aujourd'hui ?

Qu'est-ce qu'il va vendre aujourd'hui? ou Que va-t-il vendre aujourd'hui ?

Notes

Le Futur Proche:

Le Négatif : ne + Aller (present tense) + pas + Infinitif

Je vais payer	Je ne vais pas payer
Tu vas déjeuner	Tu ne vas pas déjeuner
Il va marcher	Il ne va pas marcher
Elle va commencer	Elle ne va pas commencer
Nous allons parler	Nous n'allons pas parler
Vous allez voyager	Vous n'allez pas voyager
Ils vont lire	Ils ne vont pas lire
Elles vont tomber	Elles ne vont pas tomber

Les Nombres de 60 à 79

soixante

soixante et un

soixante-deux

soixante-trois

soixante-quatre

soixante-cinq

soixante-six

soixante-sept

soixante-huit

soixante-neuf

soixante-dix

soixante et onze

soixante-douze

soixante-treize

soixante-quatorze

soixante-quinze

soixante-seize

soixante-dix-sept

soixante-dix-huit

soixante-dix-neuf

Notes

Les Devoirs

A.   **Write the following sentences in French**

    1.   I am walking.

    2.   She is speaking.

    3.   We are having lunch.

    4.   You are smoking (formal).

    5.   They are working.

    6.   I am studying.

    7.   You are cooking (informal).

    8.   They are singing.

    9.   She is dancing.

    10.   He is having diner.

B.   **Write the following questions in French using Futur Proche**

    1.   I am going to walk.

    2.   He is going to travel.

3.   They are going to begin.

4.   She is going to have lunch.

5.   She is going to work.

6.   He is going to smoke.

7.   They are going to sleep.

8.   I am going to read.

9.   What are they going to do tonight?

10.   What is she going to read today?

Notes

Chapter 5: *('Ir' and 'Re' Verbs)*

Common Irregular Verbs with 'ir' and 're'

The Present Tense

Prendre/Comprendre/Apprendre

Prendre – to take – Je prends, tu prends, il prend, elle prend, nous prenons, vous prenez, ils prennent, elles prennent

Comprendre – to understand – Je comprends, tu comprends, il comprend, elle comprend, nous comprenons, vous comprenez, ils comprennent, elles comprennent

Apprendre – to learn – J'apprends, tu apprends, il apprend, elle apprend, nous apprenons, vous apprenez, ils apprennent, elles apprennent

Finir/Choisir/Grandir/Atterir/Grossir

Finir – to finish - Je finis, tu finis, il finit, elle finit, nous finissons, vous finissez, ils finissent, elles finissent

Choisir – to choose - Je choisis, tu choisis, il choisit, elle choisit, nous choisissons, vous choisissez, ils choisissent, elles choisissent

Grandir – to grow – Je grandis, tu grandis, il grandit, elle grandit, nous grandissons, vous grandissez, ils grandissent, elles grandissent

Atterrir – to land – J'atterris, tu atterris, il atterrit, elle atterrit, nous atterrissons, vous atterrissez, ils atterrissent, elles atterrissent

Grossir – to get bigger - Je grossis, tu grossis, il grossit, elle grossit, nous grossissons, vous grossissez, ils grossissent, elles grossissent

Partir/Sortir/Dormir

Partir – to leave – Je pars, tu pars, il part, elle part, nous partons, vous partez, ils partent, elles partent

Sortir – to go out – Je sors, tu sors, il sort, elle sort, nous sortons, vous sortez, ils sortent, elles sortent

Dormir – to sleep – Je dors, tu dors, il dort, elle dort, nous dormons, vous dormez, ils dorment, elles dorment

Dire/Lire/Construire

Dire – to say – Je dis, tu dis, il dit, elle dit, nous disons, vous dites, ils disent, elles disent

Lire – to read – Je lis, tu lis, il lit, elle lit, nous lisons, vous lisez, ils lisent, elles lisent

Construire – to construct – Je construis, tu construis, il construit, elle construit, nous construisons, vous construisez, ils construisent, elles construisent

Vendre/Attendre/Perdre/Descendre/Répondre

Vendre – to sell -Je vends, tu vends, il vend, elle vend, nous vendons, vous vendez, ils vendent, elles vendent

Attendre – to wait/expect - J'attends, tu attends, il attend, elle attend, nous attendons, vous attendez, ils attendent, elles attendent

Perdre – to lose - Je perds, tu perds, il perd, elle perd, nous perdons, vous perdez, ils perdent, elles perdent

Descendre – to go down - Je descends, tu descends, il descend, elle descend, nous descendons, vous descendez, ils descendent, elles descendent

Répondre – to reply - Je réponds, tu réponds, il répond, elle répond, nous répondons, vous répondez, ils répondent, elles répondent

Entendre – to hear – J'entends, tu entends, il entend, elle entend, nous entendons, vous entendez, ils entendent, elles entendent

Les phrases

Est-ce que vous prenez le déjeuner à la maison? ou Prenez-vous le déjeuner à la maison ?

Est-ce que vous comprenez le japonais? ou Comprenez-vous le japonais ?

Est-ce que vous lisez le journal tous les jours? ou Lisez-vous le journal tous les jours ?

Est-ce qu'elle lit tous les jours? ou Lit-elle tous les jours ?

Est-ce que vous dormez bien? ou Dormez-vous bien ?

Est-ce qu'elle répond au téléphone? ou Répond-elle au téléphone?

Est-ce qu'ils vendent des crayons? ou Vendent-ils des crayons ?

Est-ce qu'ils attendent tout le temps? ou Attendent-ils tout le temps ?

Est-ce qu'elle prend le bus? ou Prend-elle le bus ?

Je ne sais pas si elle prend le bus.

Notes

Vouloir/Pouvoir/Devoir

The Present Tense

<u>Vouloir – to Want</u> - Je veux, tu veux, il veut, elle veut, nous voulons, vous voulez, ils veulent, elles veulent

<u>Devoir – Must</u> - Je dois, tu dois, il doit, elle doit, nous devons, vous devez, ils doivent, elles doivent

<u>Pouvoir – Can</u> - Je peux, tu peux, il peut, elle peut, nous pouvons, vous pouvez, ils peuvent, elles peuvent

Les phrases

Je dois travailler

Je veux jouer

Je peux manger

Ils doivent étudier

Elle doit voyager

ILs veulent dîner

Notes

Les Nombres de 80 à 100

quatre-vingts

quatre-vingt-un

quatre-vingt-deux

quatre-vingt-trois

quatre-vingt-quatre

quatre-vingt-cinq

quatre-vingt-six

quatre-vingt-sept

quatre-vingt-huit

quatre-vingt-neuf

quatre-vingt-dix

quatre-vingt-onze

quatre-vingt-douze

quatre-vingt-treize

quatre-vingt-quatorze

quatre-vingt-quinze

quatre-vingt-seize

quatre-vingt-dix-sept

quatre-vingt-dix-huit

quatre-vingt-dix-neuf

cent

Notes

Les Saisons de l'Année - The Seasons of the year

L'automne – the fall

L'hiver – the winter

Le printemps – the spring

L'été – the summer

Notes

Les Devoirs

Write the following questions in French

1. Does he read every day?

2. Do they answer the telephone?

3. Does he sleep well?

4. Do you wait all the time?

5. Do they read every day?

6. Do they take lunch at the house?

7. Does she understand Japonese?

8. Does he sell pencils?

Exercise 2. Write the Sentences in French and the Negative

Vouloir/Devoir/Pouvoir   **Aller**

1. They must travel   (b) They are going to travel

2. We want to play   (b) We are going to play

3. She can work   (b) She is going to work

4. They want to study   (b) They are going to study

5.   He wants to sing   (b) He is going to sing

6.   I must walk   (b) I am going to walk

7.   They can dance   (b) They are going to dance

8.   We can wait   (b) We are going to wait

9.   He must read   (b) He is going to read

10.   You must leave   (b) You are going to leave

Notes

Chapter 6: *(Passé Composé Using Avoir)*
THE PAST TENSE – PART 1

The Past Tense is composed of 2 parts: Avoir (present tense) + past participle of the verbs such as -

Parler – past participle with é – parlé :

J'ai parlé – I spoke/talked; I have spoken/talked

Tu as parlé – you spoke/talked; you have spoken/talked (informal)

Il (Elle) a parlé – he (she) spoke/talked; he (she) has spoken/talked

Nous avons parlé – we spoke/talked; we have spoken/talked

Vous avez parlé – you spoke/talked ; you have spoken/talked (formal/plural)

Ils ont parlé – they spoke/talked; they have spoken/talked – (masculine, masculine & feminine)

Elles ont parlé – they spoke/talked; they have spoken/talked – (feminine)

Notes

THE PRESENT TENSE   THE PAST TENSE WITH VERBS USING 'AVOIR'

Je parle – I am speaking

J'ai parlé – I spoke

Je cuisine – I am cooking

J'ai cuisiné – I cooked

Il travaille – he is working

Il a travaillé – he worked

Ils chantent – They are singing

Ils ont chanté – They sang

Nous fumons – We are smoking

Nous avons fumé – We smoked

Nous étudions – We are studying

Nous avons étudié – We studied

Elle commence – She is beginning

Elle a commencé – She began

Ils jouent – they are playing

Ils ont joué - They Played

Je lis – I am reading

J'ai lu – I read

Vous dites – you say

Vous avez dit – you said

Je prends – I take

J'ai pris – I took

Il comprend – he understands

Il a compris – he understood

Il attend – he is waiting

Il a attendu – he waited

Elle répond – she responds

Elle a répondu – she responded

Nous entendons – we hear

Nous avons entendu – we heard

L'avion atterrit – the plane lands

L'avion a atterri – the plane landed

Nous choisissons – we choose

Nous avons choisi – we chose

Notes

Le Passé Composé:

Le Négatif : ne + Avoir (present tense) + pas + past participle

(Tip: 'pas' comes after the first verb)

J'ai parlé	Je n'ai pas parlé
Tu as cuisiné	Tu n'as pas cuisiné
Il a travaillé	Il n'a pas travaillé
Elle a chanté	Elle n'a pas chanté
Nous avons étudié	Nous n'avons pas étudié
Vous avez commencé	Vous n'avez pas commencé
Ils ont lu	Ils n'ont pas lu
Elles ont compris	Elles n'ont pas compris

Du/ De La / De L'/ Des

Il a des questions – He has questions.

Il veut des pommes de terre – He wants potatoes.

La salade a du poulet, des carottes, du maïs et de l'oignon – The salad has chicken, carrots, corn and onion.

Nous avons regardé des films – We looked at movies.

J'ai mangé de la salade et du poisson – I ate some salad and fish.

Je bois du thé – I am drinking tea.

Ils boivent du vin – They are drinking wine.

Il a bu de l'eau – He drank water.

J'ai acheté des livres – I bought books.

The verbs «aimer (to like), adorer (to love), détester (to hate)», use «le, la, les» :

J'adore le chocolat – I love chocolate

Elle aime la musique – She likes music

Je n'aime pas les légumes – I don't like vegetables

Il déteste le fromage – He hates cheese

Notes

<u>**'DE' is the negative form of 'un', 'une', 'des', 'du', 'de la', 'de l'.**</u>

Je mange des pommes	Je ne mange pas de pommes
Tu as une nouvelle voiture	Tu n'as pas de nouvelle voiture
Il a choisi un nouvel ordinateur	Il n'a pas choisi de nouvel ordinateur
Elle veut de la salade	Elle ne veut pas de salade
Nous avons goûté du vin	Nous n'avons pas goûté de vin
Vous avez un œuf	Vous n'avez pas d'œuf
Ils lisent des magazines	Ils ne lisent pas de magazines
Elles boivent de l'eau	Elles ne boivent pas d'eau

Le, La, Les, L', Mon, Ma, Mes, Son, Sa, Ses, Ton, Ta, Tes, Leur, Votre, Notre – These do not change in the Negative:

J'ai mes livres	Je n'ai pas mes livres
J'ai le livre	Je n'ai pas le livre
Tu aimes mon chien	Tu n'aimes pas mon chien
Il a vendu leur maison	Il n'a pas vendu leur maison
Elle veut sa voiture	Elle ne veut pas sa voiture
Elle aime la voiture	Elle n'aime pas la voiture

Notes

Nous lisons notre Bible

Nous ne lisons pas notre Bible

Vous avez mangé son poisson

Vous n'avez pas mangé son poisson

Ils ont parlé à ma mère

Ils n'ont pas parlé à ma mère

Ils veulent les photos

Ils ne veulent pas les photos

Possession

Paul's book

Le livre de Paul

Mary's jacket

La veste de Marie

Jim and Mary's car

La voiture de Jim et Marie

Mary's bag and keys

Le sac et les clés de Marie

Additional Verbs in the Present Tense

Manger – to eat

Je mange, tu manges, il mange, elle mange, nous mangeons, vous mangez, ils mangent, elles mangent

Boire – to drink

Je bois, tu bois, il boit, elle boit, nous buvons, vous buvez, ils boivent, elles boivent

Notes

Il y a – there is/ there are

Il y a deux salles de bains dans ma maison

Il y a un balcon dans ma maison

Il y a six fenêtres dans mon salon

Il y a des chaises dans la classe……..

Le Négatif

Il n'y a pas deux salles de bains dans ma maison

Il n'y a pas de balcon dans ma maison

Il n'y a pas six fenêtres dans mon salon

Il n'y a pas de chaises dans la classe……..

Notes

Les Devoirs (Past Tense)

Write the sentences in French:

1. He spoke

2. They cooked

3. She sang

4. You studied

5. He played

6. We understood

7. They answered

8. I chose

9. She said

10. I began

Notes

Chapter 7: *(Passé Composé Using Être)*
THE PAST TENSE - PART TWO

The Past Tense is composed of 2 parts: Être (present tense) + past participle of the following verbs such as -

Aller – past participle with é – allé(e) :

Je suis allé (e) – I went

Tu es allé (e) – you went (masculine/feminine) – (informal)

Il(Elle) est allé(e) – he (she) went

Nous sommes allés – we went (masculine, masculine & feminine)

Nous sommes allées – we went (feminine)

Vous êtes allé(e)/és(ées) – you went (formal/plural)

Ils sont allés – they went (masculine, masculine & feminine)

Elles sont allées – they went (feminine)

Notes

Verbs with 'Être' in Passé Composé: **DR MRS VAN DER TRAMPP**

Devenir –   Je suis devenu(e)   (I became)

Revenir -   Tu es revenu(e)   (You came back)

Monter -   Il est monté   (He went up)

Rester -   Nous sommes resté(e)s   (We stayed)

Sortir –   Vous êtes sorti(e)s   (You went out)

Venir -   Elles sont venues   (They came)

Aller -   Je suis allé(e)   (I went)

Naitre -   Je suis né(e)   (I was born)

Descendre   Tu es descendu(e)   (You came down)

Entrer -   Il est entré   (He entered/came inside)

Rentrer -   Elle est rentré(e)   (She came home)

Tomber -   Nous sommes tombé(e)s   (We fell)

Retourner - Vous êtes retourné(e)s   (You went back)

Arriver -   Ils sont arrivés   (They arrived)

Mourir -   Elles sont mortes   (They died)

Partir -   Je suis parti(e)   (I left)

Passer -   Tu es passé(e)   (You passed by)

Est-ce que vous êtes resté(e) à la maison? ou Êtes-vous resté(e) à la maison ?

Est-ce que vous êtes allé(e) au cinema? ou Êtes-vous allé(e) au cinema ?

Est-ce que vous êtes arrivé(e) en retard? ou Êtes-vous arrivé(e) en retard ?

Notes

Le Passé Composé :

Le Négatif : ne + Être (present tense) + pas + past participle

Je suis devenu(e)	Je ne suis pas devenu(e)
Tu es revenu(e)	Tu n'es pas revenu(e)
Il est monté	Il n'est pas monté
Elle est restée	Elle n'est pas restée
Nous sommes resté(e)s	Nous ne sommes pas resté(e)s
Vous êtes venu(e)s	Vous n'êtes pas venu(e)s
Ils sont rentrés	Ils ne sont pas rentrés
Elles sont tombées	Elles ne sont pas tombées

Notes

Adjectives

BAGS – Beauty, Age, Good, Size – (Goes Before the Noun)

Beauty – Belle, Beau (Bel)

Age – Jeune, Vieux (Vieil), Vieille, Nouveau (Nouvel), Nouvelle

Good – Bon, Bonne, Mauvais, Mauvaise

Size – Grand, Grande, Petit, Petite, Gros, Grosse

Première, Deuxième, ……..Dernier, Dernière

Une <u>belle</u> maison <u>blanche</u> – a pretty white house

Un plat <u>délicieux</u> – a delicious dish

Une fille <u>intelligente</u> – an intelligent girl

Un <u>petit</u> café <u>chaud</u> – a small hot coffee

Un <u>nouvel</u> ordinateur - a new computer

Ma <u>première</u> classe – my first class

Les <u>nouvelles</u> chaussures – the new shoes

Une <u>grande</u> fête – a big party

Une <u>vieille</u> expérience – an old experience

Le vin <u>italien</u> – Italian wine, Le vin **<u>français</u>** – French wine

Un <u>bon</u> journal – a good journal

La mer <u>bleue</u> et le sable <u>chaud</u> – The blue sea and the hot sand

Notes

Practice Exercises

De – Of

Du / De La / De L'/ Des

Write the following sentences in French.

1. I am eating corn

2. He is eating some bread

3. They are eating salad

4. He is drinking some tea

5. The salad has carrots, fish, and eggs

6. They want some wine

7. Do you want some water ?

8. Do you want some red wine ?

9. He wants a bottle of white wine. A bottle – une bouteille

10. She is drinking a glass of juice.   Juice – le jus

1.   He drank a bottle of wine

2.   They ate some cake and some ice cream

3.   He drank a cup of tea. Une tasse – a cup

4.   She drank a glass of water. Un verre – a glass

5.   Did he drink wine ?

6.   Did you buy water ?

7.   Can she drink a glass of red wine ?

8.   Can we have a bottle of red wine ?

9.   She wants a cup of black tea

10.   He must drink a glass of water with the cake. Avec -

with

Notes

Notes

Les Devoirs

A. **Write the following sentences in French**

    1. I returned to the supermarket

    2. We left

    3. The child fell

    4. My Grandmother stayed

    5. My Grandfather left

B. **Write the following sentences in the past and future.**

    1. Je reste à la maison.

    2. Elle arrive à l'heure.

    3. Il passe tous les jours.

    4. Le bébé tombe.

    5. Nous tombons.

References

Index
Vocabulaire

After – après

A lot - beaucoup

The apple – la pomme

Bad – mal /mauvais(mauvaise)

Before – avant

Behind – derrière

Between - entre

The Book – le livre

The bottle – la bouteille

The car – la voiture

The cellphone – le portable

The Chair – la chaise

The cigarette lighter – le briquet

Everyday - Tous les jours

The flower – la fleur

In – dans

Notes

In front - devant

Now – maintenant

The papers – les papiers

The pen - le stylo

The pencil - le crayon

The table – la table

The telephone - le téléphone

The television – la télévision

To the left – à gauche

To the right – à droite

To the north - au nord

To the south - au sud

To the west - à l'ouest

To the east - à l'est

Today - aujourd'hui

Tomorrow - demain

Well - bien

Yesterday - hier

Notes

Adjectifs

Content(e) – Glad

Disponible - Available

Être en grande forme/Être en pleine forme – To be in great shape

Faible – Weak

Fort(e) – Strong

Fatigué(e) - Tired

Grand/Grande – Tall/Big

Heureux/Heureuse - Happy

Jeune – Young

Vieux/Vieille - Old

Nouveau/Nouvel – New (Masculine)

Nouvelle – New (Feminine)

Occupé(e) – Busy

Pauvre - Poor

Petit(e) – Small

Riche - Rich

Triste - Sad

Notes

Les Couleurs

Beige - Beige

Black - Noir/Noire

Blue - Bleu/Bleue

Brown - Marron

Gold – Or

Golden – Doré

Green – Vert/Verte

Grey – Gris/Grise

Orange - Orange

Pink – Rose

Purple – Violet/Violette

Red - Rouge

Silver - Argent

White - Blanc/Blanche

Yellow - Jaune

Notes

Relationships

My: Ma/Mon/Mes
Your: Ta/Ton/Tes (Informal)
His/Her: Sa/Son/Ses
Our : Notre/Nos
Your : Votre/Vos (formal or plural)
Their : Leur/Leurs

Leur bébé – their baby

Son beau-frère – his/her brother-in-law

Sa belle-sœur – his/her sister-in-law

Mon cousin – my cousin

Ma cousine – my cousin

Sa femme – his wife

Notre fille – our daughter

Nos filles – our daughters

Leur fils – their son

Leurs fils – their sons

Ton frère – your brother (informal)

Tes frères – your brothers (informal)

Ta grand-mère – your grandmother

Ton grand-père – your grandfather

Son mari – her husband

Mon neveu – my nephew

Votre nièce – your niece (formal)

Tes oncles – your uncles (informal)

Vos oncles – your uncles (formal/plural)

Ma petite-fille – my granddaughter

Mon petit-fils – my grandson

Sa sœur – his/her sister

Notre tante – our aunt

Notes

La Nourriture

L'eau – the water

Le beurre – the butter

Le café – the coffee

La carotte – the carrot

Le fromage – the cheese

Le gâteau – the cake

La glace – the icecream

Le jus – the juice

La laitue – the lettuce

L'oignon – the onion

Le maïs – the corn

L'œuf – the egg

Le pain - the bread

Les petits pois – the peas

Le poisson – the fish

La pomme de terre – the potato

Le poulet – the chicken

La salade – the salad

La tomate – the tomato

Le thé – the tea

La viande – the meat

Le vin – the wine

Notes

Les Fruits

l'ananas – the pineapple

la banane – the banana

la cerise – the cherry

le citron – the lemon

le citron vert – the lime

la fraise – the strawberry

l'orange – the orange

la pêche – the peach

le pamplemousse – the grapefruit

la poire – the pear

la pomme – the apple

le raisin – the grape

la tomate- the tomato

Notes

Les choses de la maison

Le balcon – the balcony

La chambre – the bedroom

La cuisine – the kitchen

Le sol – the floor

La fenêtre – the window

Le lit – the bed

Le mur – the wall

La pièce – the room

Le plafond – the ceiling

La salle à manger – the dining room

La salle de bain – the bathroom

le salon – the living room

la terrasse – the terrace

les toilettes – the toilets

le toit – the roof

Notes

Answer Key

1. Je suis Américain(e).

2. Elle est professeur.

3. Barack Obama, est-il Président?/Barack Obama, est-ce qu'il est Président ?

4. Vous n'êtes pas francaise.

5. Est-elle Canadienne? /Est-ce qu'elle est Canadienne ?

6. Il n'est pas professeur.

7. Elles sont fatiguées.

8. Est-il en forme?/ Est-ce qu'il est en forme ?

9. Nous ne sommes pas fatigués.

10. Ils sont contents.

11. Je suis marié(e).

12. Elle n'est pas mariée.

13. Prince Harry et Meghan Markle, sont-ils heureux?/ Prince Harry et Meghan Markle, est-ce qu'ils sont heureux ?

14.   Governor Lamont n'est pas disponible.

15.   Michael Jordan, est-il grand?/ Michael Jordan, est-ce qu'il est grand ?

16.   Êtes-vous fatigué(e)?

17.   Elles sont petites.

18.   Ils sont jeunes.

19.   Je suis content(e).

20.   Nous sommes en forme.

CHAPTER 2

Le Verbe 'Aller'

1.   Bonjour, Comment ça va? Ça va bien, Merci et Vous? Ça va bien.

2.   Bonjour, Comment allez-vous? Je vais bien.

3.   Il va à l'église.

4.   Elles vont à la banque.

5.   Nous allons à l'hôtel.

6.   Vont-ils aux États-Unis?/Est-ce qu'ils vont aux États-Unis ?

7.   Va-t-il à l'école?

8.   Nous allons au restaurant.

9.   Allez-vous à l'aéroport?/ Est-ce que vous allez à l'aéroport ?

10. Je vais à la banque.

CHAPTER 3

Les Devoirs – Exercise 1. Fill in the Blanks

1.   Tu as un téléphone

2.   J'ai un livre

3.   Vous avez des pommes

4.   Elle a un briquet

5.   Nous avons des fleurs

6.   Ils ont un stylo

7.   J'ai un crayon

8.   Elles ont une voiture

9.   Tu as une fleur

10. IL a des papiers

Exercise 2. Write the Negative of the Sentences.

1.   Tu n'as pas de téléphone

2.   Je n'ai pas de livre

3.   Vous n'avez pas de pommes

4.   Elle n'a pas de briquet

5.   Nous n'avons pas de fleurs

6.   Ils n'ont pas de stylo

7.   Je n'ai pas de crayon

8.   Elles n'ont pas de voiture

9.   Tu n'as pas de fleur

10.   IL n'a pas de papiers

CHAPTER 4

Les Devoirs

A.   **Write the following sentences in French**

1.   I am walking.

   Je marche

2.   She is speaking.

   Elle parle

3.   We are having lunch.

   Nous déjeunons

4.   You are smoking (formal).

   Vous fumez

5.   They are working.

   Ils travaillent

6.   I am studying.

   J'étudie

7.   You are cooking (informal).

   Tu cuisines

8. They are singing.

   Ils chantent

9. She is dancing.

   Elle dance

10. He is having diner.

   Il dîne

B. **Write the following questions in French using Futur Proche**

1. I am going to walk.

   Je vais marcher

2. He is going to travel.

   Il va voyager

3. They are going to begin.

   Ils vont commencer

4. She is going to have lunch.

   Elle va déjeuner

5. She is going to work.

   Elle va travailler

6.   He is going to smoke.

      Il va fumer

7.   They are going to sleep.

      Ils vont dormir

8.   I am going to read.

      Je vais lire

9.   What are they going to do tonight?

      Qu'est-ce qu'ils vont faire ce soir ? ou Que vont-ils faire
ce soir ?

10.   What is she going to read today?

      Qu'est-ce qu'elle va lire aujourd'hui ? ou Que va-t-elle lire
aujourd'hui ?

CHAPTER 5

Les Devoirs

Write the following questions in French

1. Does he read every day?

   Est-ce qu'il lit tous les jours ? ou Lit-il tous les jours ?

2. Do they answer the telephone?

   Est-ce qu'ils repondent le téléphone ? ou Répondent-ils au téléphone ?

3. Does he sleep well?

   Est-ce qu'il dort bien ? ou Dort-il bien ?

4. Do you wait all the time?

   Est-ce que tu attends tout le temps ? ou Attends-tu tout le temps ?

5. Do they read every day?

   Est-ce qu'ils lisent tous les jours ? ou Lisent-ils tous les jours ?

6. Do they take lunch at the house?

   Est-ce qu'ils prennent le déjeuner à la maison ? ou Prennent-ils le déjeuner à la maison ?

7.   Does she understand Japonese?

Est-ce qu'elle comprend le japonais ? ou Comprend-elle le japonais?

8.   Does he sell pencils?

Est-ce qu'il vend des crayons ? ou Vend-il des crayons ?

Exercise 2. Write the Sentences in French and the Negative

Vouloir/Devoir/Pouvoir   **Aller**

1.   They must travel   (b) They are going to travel

Ils doivent voyager   Ils vont voyager

Ils ne doivent pas voyager   Ils ne vont pas voyager

2.   We want to play   (b) We are going to play

Nous voulons jouer   Nous allons jouer

Nous ne voulons pas jouer   Nous n'allons pas jouer

3.   She can work   (b) She is going to work

Elle peut travailler   Elle va travailler

Elle ne peut pas travailler   Elle ne va pas travailler

4.   They want to study   (b) They are going to study

        Ils veulent étudier   Ils vont étudier

        Ils ne veulent pas étudier   Ils ne vont pas étudier

5.   He wants to sing   (b) He is going to sing

        Il veut chanter   Il va chanter

        Il ne veut pas chanter   Il ne va pas chanter

6.   I must walk   (b) I am going to walk

        Je dois marcher   Je vais marcher

        Je ne dois pas marcher   Je ne vais pas marcher

7.   They can dance   (b) They are going to dance

        Ils peuvent danser   Ils vont danser

        Ils ne peuvent pas danser   Ils ne vont pas
                                     danser

8.   We can wait   (b) We are going to wait

        Nous pouvons attendre   Nous allons attendre

        Nous ne pouvons pas attendre   Nous n'allons pas
                                         attendre

9.   He must read   (b) He is going to read

Il doit lire

Il ne doit pas lire

Il va lire

Il ne va pas lire

10.   You must leave

Tu dois partir

Tu ne dois pas partir

(b) You are going to leave

Tu vas partir

Tu ne vas pas partir

CHAPTER 6

Les Devoirs (Past Tense)

Write the sentences in French:

1. He spoke

   Il a parlé

2. They cooked

   Ils ont cuisiné

3. She sang

   Elle a chanté

4. You studied

   Tu as étudié

5. He played

   Il a joué

6. We understood

   Nous avons compris

7. They answered

   Ils ont répondu

8.   I chose

J'ai choisi

9.   She said

Elle a dit

10.   I began

J'ai commencé

CHAPTER 7

Practice Exercises

De – Of

Du / De La / De L' / Des

Write the following sentences in French.

1. I am eating corn

   Je mange du maïs

2. He is eating some bread

   Il mange du pain

3. They are eating salad

   Ils mangent de la salade

4. He is drinking some tea

   Il boit du thé

5. The salad has carrots, fish, and eggs

   La salade a des carottes, du poisson et des œufs

6. They want some wine

   Il veulent du vin

7. Do you want some water ?

Est-ce que tu veux de l'eau ? ou Veux-tu de l'eau ?

8.   Do you want some red wine ?

Est-ce que tu veux du vin rouge ? ou Veux-tu du vin rouge ?

9.   He wants a bottle of white wine.   A bottle – une bouteille

Il veut une bouteille de vin blanc

10.   She is drinking a glass of juice.   Juice – le jus

Elle boit un verre de jus

1.   He drank a bottle of wine

Il a bu une bouteille de vin

2.   They ate some cake and some ice cream

Ils ont mangé du gateau et de la glace

3.   He drank a cup of tea. Une tasse – a cup

Il a bu une tasse de thé

4.   She drank a glass of water. Un verre – a glass

Elle a bu un verre d'eau

5.   Did he drink wine ?

Est-ce qu'il a bu du vin ? ou A-t-il bu du vin ?

6.   Did you buy water ?

Est-ce que tu as acheté de l'eau ? ou As-tu acheté de l'eau ?

7.   Can she drink a glass of red wine ?

Est-ce qu'elle peut boire un verre de vin rouge ? ou
Peut-elle boire un verre de vin rouge ?

8.   Can we have a bottle of red wine ?

Est-ce que nous pouvons avoir une bouteille
de vin rouge ? ou Pouvons-nous avoir une bouteille
de vin rouge ?

9.   She wants a cup of black tea

Elle veut une tasse de thé noir.

10.   He must drink a glass of water with the cake. Avec - with

Il doit boire un verre d'eau avec le gâteau

CHAPTER 7

Les Devoirs

A.   **Write the following sentences in French**

6. I returned to the supermarket

Je suis retourné(e) au supermarché

7. We left

Nous sommes parti(e)s

8. The child fell

L'enfant est tombé(e)

9. My Grandmother stayed

Ma grandmère est restée

10. My Grandfather left

Mon grandpère est parti

B.   **Write the following sentences in the past and future.**

1. Je reste à la maison.

    Je suis resté(e) à la maison

    Je vais rester à la maison

2. Elle arrive à l'heure.

    Elle est arrivée à l'heure

    Elle va arriver à l'heure

3. Il passe tous les jours.

    Il est passé tous les jours

    Il va passer tous les jours

4. Le bébé tombe.

    Le bébé est tombé(e)

    Le bébé va tomber

5. Nous tombons.

    Nous sommes tombé(e)s

    Nous allons tomber